AF494501

4° R Pièce 2260

0025

Le Travail Antisocial

ET LES

Mouvements Utiles

Il existait, il y a quelques années, un nommé Harduin, qui déployait tout son esprit à soutenir les oisifs, les pauvres oisifs, les bons oisifs !

Ce bonhomme en toc, ramassait tous les lieux communs, toutes les idées banales exprimées par M. Tout-le-monde, leur donnait un tour nouveau et les jetait ensuite à la tête de tous comme le *nec plus ultra* de l'originalité.

Avec l'Eglise qui déclare : « Que les riches sont les dépositaires et les administrateurs des richesses de la terre, dont ils doivent répondre » ; avec Leroy-Beaulieu et l'Economie politique disant « que le capital (et les capitalistes) assure la richesse d'une nation » ; avec tous les résignés, tous les pauvres, le peuple entier, dirions-nous, affirmant « qu'il faut bien des riches pour faire travailler les ouvriers ». M. Harduin chantait l'épopée des oisifs, ces dieux de l'Olympe capitaliste.

Il le faisait d'une façon qui peut paraître exagérée, brutale, touchant un peu trop les sentiments du peuple, mais M. Harduin, élevé à l'école du républicanisme bourgeois et voltairien, savait tout ce que peut supporter le peuple, toutes les couleuvres qu'on peut lui faire avaler par la persuasion, tout ce qu'on peut lui faire accepter par l'usage du bâton et de la violence. Il paraît avoir été trop loin : il n'a pas été trop loin. Il disait à haute voix, ce que M. Tout-le-monde disait à voix basse :

« Si les oisifs n'existaient pas, il faudrait les inventer. En ne faisant rien, ils sont plus utiles que tant d'autres qui

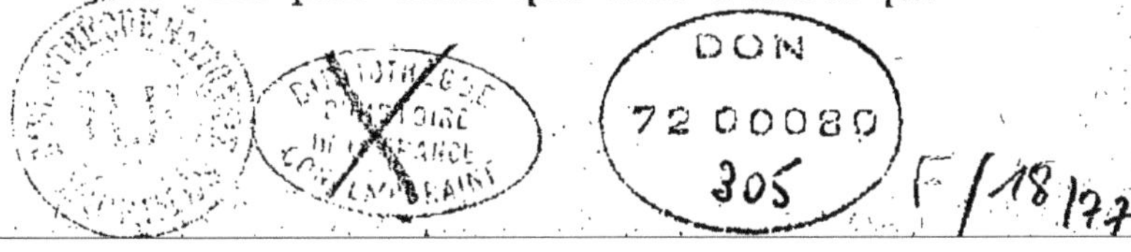
DON 72 00080 305 F/18/177

travaillent. Ils ne prennent la place de personne. Ils ne sont les concurrents de quiconque, ils ne sont que les débouchés. Ils n'ont pas besoin de commettre d'actions basses ou malhonnêtes pour gagner leur vie. Ils répandent leur argent et fécondent par là le travail des autres. Ils sont, en définitive, les citoyens parfaits, et forment, par leur petit nombre, l'aristocratie d'une nation. Aussi tout le monde envie leur sort. »

Voilà ce que disait M. Prudhomme-Harduin dirigeant la voix de Jocrisse-Bonhomme.

Il ne faisait que traduire les idées de beaucoup.

Que penser d'un homme disant : « S'il n'y avait pas de parasites, il faudrait les inventer » ? Qu'il est fou. On a vu, en quelques occasions, les hommes avoir recours à certaines espèces d'animaux pour en détruire une autre plus prolifique. On se sert, pour rétablir un organisme malade, de certains remèdes qui provoquent une perturbation, mais guérissent le mal. Peut-on concevoir des individus qui appelleraient, qui béniraient, qui chanteraient le mal et la souffrance ?

L'oisif, ce parasite de l'humanité, est accepté par le peuple avec la résignation d'un Benoît-Labre, laissant courir la vermine sur son corps, au nom de Dieu. Le peuple va plus loin : il glorifie l'oisif.

Je pourrais continuer l'exemple :

Le simple ne dit-il pas : « Les poux sont la santé du corps. » Ainsi les oisifs sont la santé de la société. La résignation comme la fainéantise ont amené les hommes à une acceptation de la malpropreté et du parasitisme. Par peur de l'eau et de l'effort du lavage, les hommes arrivent à considérer la couche de crasse qui les recouvre comme une épaisseur de leur peau, dont ils ne sauraient se débarrasser sans s'écorcher. Par peur du mouvement, par fainéantise d'agir, les hommes arrivent à considérer le fait d'être mangé par des parasites nombreux comme inhérent au fait de vivre en société.

L'oisif est semblable à un de ces dieux à qui leurs fidèles portaient les produits les meilleurs. La statue, les bras croisés, ne portait aucune concurrence au travail des hommes, mais son culte n'en était pas moins une lourde charge pour eux. Les oisifs de ce temps-là n'osaient pas s'intituler tels. Ils cachaient leur fainéantise derrière une divinité quelconque. Les hommes d'alors n'auraient pas été assez sots pour prélever une part du fruit de leur activité et la donner à des fainéants avoués.

Maintenant, le voltairien Harduin et ses amis ont fait une divinité de l'oisif lui-même. Plus de subterfuge. Cet homme que vous voyez les bras croisés, est un oisif. C'est-à-dire qu'il ne travaille pas. Il ne fait aucun effort. Il ne laboure pas, il ne sème pas, il ne forge pas, il ne tisse pas, il n'enseigne pas. En retour, il consomme dix, vingt fois plus que quiconque. Sa table est couverte des mets les plus fins. Il porte ses habits deux ou trois fois au plus. Il lui faut, bon an mal an, cinquante paires de chaussures. Son habitation est grande, plus que celles de cent ménages.

C'est un oisif. Il a comme mission sociale de consommer. Sa qualité est de ne pas produire. Dans la grande famille humaine, il est l'enfant gâté qui, à la table familiale, prend les meilleurs des plats, les vide quand il lui plaît... Plus il mange — voire à se donner une indigestion — plus il est « utile » à ses frères lesquels se partageront, tout à l'heure, les rogatons qu'il voudra bien laisser.

L'oisif fait, en venant au monde dans des langes brodées, une preuve d'intelligence sans pareille et il excite l'admiration « du citoyen dont l'intelligence est si peu supérieure à celle du cheval, qu'il lui faut peiner dix heures afin de gagner trois francs. »

L'oisif ne prend la place de personne pour produire, en retour, il prend la place de plusieurs pour consommer. Il n'est même pas l'ouvrier de la onzième heure que les circonstances ont pu écarter du labeur, il est systématiquement l'ouvrier de la douzième heure, l'ouvrier du repas. On vante sa qualité de ne pas être le concurrent de quiconque à l'heure de la production. Je la lui accorde. Mais il me sied de vanter encore plus, de lui imposer même la qualité de ne pas être le concurrent à l'heure de la consommation.

Prudhomme-Harduin déclare — au nom de la populace des résignés — que « l'oisif n'a pas besoin de commettre des actions basses ou semi-malhonnêtes, pour assurer son existence. » Quelle qualité ? Il ne se noircit pas non plus le visage, il n'a pas de callosités à la paume de ses mains. Ayant son existence assurée par on ne sait quel coup de baguette et on sait trop par quelle acceptation de tous, il n'a pas à faire de combinaisons louches pour trouver à vivre. Il ne salit, ni ne durcit ses mains, puisqu'il ne fait jamais d'autre effort que celui de digérer.

Lorsque Prudhomme parle ainsi, il parle encore comme tous. Il respecte les mains blanches, les ongles longs, les consciences sans tache! Il ferait bon voir les oisifs mondains suivre le code de l'honneur (!?) à travers les mille difficultés de l'existence.

Mais alors que fait donc l'oisif?... Il répand son argent dans la circulation. Car n'est pas Oisif qui veut. Une des marques premières de l'oisif officiel est d'avoir de l'argent. Pour arriver à cette position, à cette aristocratie, il n'est pas besoin de qualités naturelles, il faut simplement avoir un capital déterminé. Le capital est un billet pour le voyage de la vie, jamais périmé.

L'oisif, sans argent, s'appelle fainéant, vagabond, mendiant, ou maquereau. Il a une qualité, celle de ne pas être concurrent, mais il n'a pas celle d'être débouché. Il ne partage pas l'effort, soit; mais il ne consomme pas ou si peu que cela ne vaut pas la peine d'en parler. A peine utilise-t-on à son usage, le travail d'un autre homme. L'oisif véritable, de bonne marque, fait travailler pour lui une vingtaine, une centaine de personnes et c'est là sa qualité. Il produit peu ou prou, il consomme beaucoup.

N'est-ce pas là la grande haine que l'on a contre l'avare? Il ne produit pas, cela lui est pardonné; mais il ne consomme pas, voilà son grand crime. Il ne demande pas au cordonnier des chaussures qu'il ne porte pas, au pâtissier des tartes qui se gâteront. Il se contente d'une vie médiocre.

Il faut que l'oisif consomme! Si l'oisif n'a pas de bras, qu'il ait une gueule pour enfourner, un estomac pour digérer.

Donc l'oisif a de l'argent et le répand. L'argent qu'il possède a une valeur incontestable et acceptée par tous. En l'échangeant, il a le droit à tous les respects. Mais, direz-vous, il ne peut l'échanger et le posséder encore? Si! L'oisif voit s'accomplir pour lui ce miracle étonnant. Il donne l'argent contre le bonheur. Il a le bonheur et il a toujours l'argent. Le coffre qui le contient ne s'épuise jamais. Si le niveau de l'or baisse quelquefois, le producteur vient rapporter l'argent qu'il a reçu. Il sert des rentes, il paie des loyers à l'oisif que son industrie nourrit, loge et habille.

L'oisif ne donne rien, ne donne jamais, il reçoit toujours! Il consomme, il dépense, il gaspille : et plus il consomme, plus il dépense, plus il gaspille, et plus il mérite devant M. Tout-le-Monde.

De par les siècles, ont défilé beaucoup d'aristocraties. On a vu l'aristocratie des intellectuels à Athènes, l'aristocratie des beaux et des forts à Sparte, l'aristocratie des prêtres à Jérusalem, l'aristocratie des guerriers en Europe moyenageuse; on voit maintenant, sans voile et sans hypocrisie, l'aristocratie des gueules, des estomacs et des ventres, l'aristocratie des oisifs.

L'oisif ne possède pas quelque richesse que l'humanité lui achète chèrement; il n'est pas le plus beau, le plus fort, le plus instruit, le plus courageux, il est celui qui consomme et cela lui suffit pour être le maître de ceux qui produisent.

L'oisif est le poids mort que traîne péniblement l'évolution humaine dans sa marche en avant. Non seulement il ne fait aucun effort lui-même, mais il paralyse, à son profit, l'effort de tous les autres hommes. Du cordonnier au savant et de l'artiste au mineur, tous les travailleurs peinent pour donner la plus grande jouissance à l'aristocratie des oisifs.

Par quelle anomalie la société est-elle devenue une association d'individus ayant pris comme but d'assurer le bonheur d'un dixième d'entre eux, avec lesquels ils n'ont aucune affinité et pour lesquels ils n'ont aucun amour ? Qui pourrait répondre ?

Ce qui a été, ce qui est, doit-il toujours être ? L'aristocratie des oisifs durera t-elle ? Le mensonge de l'utilité des parasites n'apparaît-il pas aux yeux des hommes ?

Il faut détruire la légende fameuse, la fable des *Membres et de l'Estomac*. Si les oisifs, les riches, ne sont que des estomacs, ils ne sont pas l'estomac qui assimile la nourriture afin de la porter aux membres. Les oisifs ont comme mission de ne pas être utiles. Ils sont des animaux de luxe que l'humanité a la sottise d'entretenir à son détriment.

Le bonheur individuel et le bonheur collectif sont faits de l'accumulation de la force, laquelle amène l'abondance des choses utiles et diminue donc l'effort nécessaire pour les acquérir.

La liberté n'est autre chose qu'une puissance. Plus on est fort, plus on est libre. Il faut donc devenir fort. Mais il n'est pas possible que l'homme devienne fort sans le concours des hommes. Il faut donc s'associer avec eux. Il faut se persuader que le travail de chacun est profitable à tous et pour toujours.

L'objectif principal de l'homme doit être dans la production et la conservation des choses indispensables à la vie. Et si cet objectif avait fait, dans les temps, la préoccupation de l'humanité, la richesse des générations présentes serait si grande que le communisme s'imposerait à tous par le peu de valeur des objets nécessaires à la consommation humaine.

Que faut-il donc faire ?

L'homme qui vit, consomme, c'est-à-dire détruit une certaine quantité de matières assimilables. Il devient un danger pour les autres hommes, s'il ne fait récupérer à la société, d'une façon quelconque, en produisant, pour réparer, soit intellectuellement, soit manuellement, la consommation qu'il vient de faire.

L'homme oisif ou producteur d'inutilités est comparable à un foyer d'incendie. Non seulement il brûle, il gaspille la matière prise sur le « domaine » de ses contemporains, sur celui des hommes de demain, mais il arrive à périr faute d'aliments, car il ne songe jamais à reformer un champ nouveau pour sa consommation.

Il est un individu dangereux. Toute la perturbation sociale vient de ce que les hommes n'ont pas su se préoccuper d'une façon intéressante de la production et de la conservation des foyers alimentaires pouvant satisfaire à la consommation.

Même lorsque l'homme s'occupe *seulement* de s'adapter intellectuellement, il devient un danger pour les autres et pour lui ; il devient un « dégénéré » pourrait-on dire, parce qu'il néglige les adaptations « physiques » au moment même où il multiplie ses besoins.

Au moment où ses goûts nouveaux l'obligent à consommer davantage, où il a besoin de littérature, de musique, d'art,d'appartements plus vastes,il cesse de produire, même des objets de première nécessité, et il demande aux autres hommes de produire, pour sa satisfaction, des objets de luxe.

Les hommes qui consentent à produire ces objets de luxe,demandent alors à d'autres hommes encore de produire pour leur consommation de première nécessité. Il arrive donc un moment où une poignée d'hommes satisfont aux besoins véritables de l'humanité.

Il s'ensuit un double courant de dégénérescence. Le premier qui frappe ceux qui ne savent pas assimiler la matière à leurs besoins et qui ne sauraient se passer du concours des autres hommes, oisifs, pires que les infirmes privés de l'usage des membres essentiels du corps ; le second qui s'attaque à ceux que l'excès de travail physique rend inaptes à tout travail intellectuel, en même temps qu'il use prématurément leur organisme.

Ceux donc qui ne produisent pas, ceux qui produisent mal ou inutilement, ceux qui produisent trop sont au même titre des obstacles au développement normal des hommes. Ils sont nuisibles, il faut se prémunir contre eux.

Déjà bien des savants se sont préoccupés de la question des nuisibles, des dégénérés, mais ils arrêtaient volontairement la question en chemin, ne voulant appliquer la logique qu'à une certaine partie de l'humanité. Le riche oisif n'était pas un dégénéré au même titre que le fainéant pauvre ; et celui qui s'alcoolisait avec du vitriol, devenait un nuisible bien autrement dangereux que le nocturne distingué qui fréquente les cabarets de nuit.

Nous autres nous pouvons aller jusqu'au bout de notre pensée : le but à atteindre est d'approprier la richesse totale du globe terrestre en vue de l'intérêt des hommes, en utilisant le mieux possible, tant la matière terrestre que l'effort humain. Tout homme qui veut toujours recevoir sans jamais donner, est un obstacle pour ses prochains. Quelle qu'en soit la raison, qu'on l'appelle « criminel », « décadent »,

« dégénéré », « capitaliste », il est une entrave au bonheur des hommes, parce qu'il est improductif, soit qu'il n'emploie pas sa force, soit qu'il l'emploie mal.

Le bourgeois qui consomme sans produire rien, jamais, n'est pas un danger plus grand que l'ouvrier consommant sans produire jamais rien d'utile. Le capitaliste qui amoncelle des actions les unes sur les autres, est à détruire au même titre que l'employé de métro, faisant des trous dans du carton toute une journée.

En fin de compte, ne faut-il pas que l'ouvrier producteur véritable les nourrisse, les habille, les loge et satisfasse à leurs besoins ?

Tout homme improductif est à détruire, sans haine et sans colère, comme on détruit les punaises, les parasites.

Disons que ce travail de destruction est, actuellement, un travail de première nécessité, comme l'incendie brûlant les ronces du champ inculte, afin de permettre d'y jeter le blé fécond.

***

Depuis quelque temps déjà, la Confédération Générale du Travail, s'occupe de résoudre le problème de la diminution du labeur quotidien ou général des individus.

Nous ne la croyons pas qualifiée pour ce travail.

Pourquoi ?

La C. G. T. est une association de Fédérations.

Les Fédérations sont des associations de Syndicats.

Les Syndicats sont des associations d'ouvriers d'un même métier.

La C. G. T. doit donc respecter et favoriser les intérêts de certains hommes en tant qu'ouvriers de certain métier.

Or, le problème de la diminution du travail, ne peut se résoudre que par la suppression du travail inutile, et par le transport de ces efforts vers le travail utile.

Pour ce faire, un grand nombre de corps de métiers devraient disparaître.

Sans entrer dans une nomenclature trop longue des métiers que nous classons utiles, et de ceux que nous classons inutiles, nous pouvons dire que sont utiles, tous les métiers qui aident au développement de nos sens, à la satisfaction de nos besoins. Peindre des réclames, des enseignes, fabriquer des compteurs à gaz, estamper des billets de banque, etc., nous paraît être un travail inutile.

Tous ces métiers inutiles sont d'ailleurs les conséquences directes ou indirectes de l'inégalité économique, c'est-à-dire de la propriété individuelle qu'ils ont pour but de sauvegarder ou de légitimer. Ils n'auraient plus de raison d'être dans une société d'hommes libérés.

Par conséquent plus d'armuriers, plus d'ouvriers, de compteurs, plus d'estampeurs de billets de banque, plus de monnayeurs (vrais ou faux), plus de contrôleurs de métro.

Beaucoup de ces corporations, au travail inutile, ont place dans la C. G. T. Va-t-elle décider leur disparition ? Elle ne le peut.

En admettant pour un instant l'utilité des groupements fédératifs de métier du genre de la C. G. T., nous arrivons à dire que logiquement la C. G. T. devrait se dissoudre et se reformer sur de nouvelles bases, si elle voulait pouvoir faire un travail économique ayant quelque envergure.

Elle n'accepterait alors que de représenter les corps de métier ayant une utilité évidente. Elle appelerait à elle tous les hommes voulant travailler utilement. Elle ne s'occuperait pas, comme maintenant, d'associer le plus grand nombre d'ouvriers, mais le plus grand nombre d'hommes utiles.

Pour diminuer la part de travail de chacun, il faut diminuer le travail global.

On peut aussi augmenter le nombre de ceux qui partagent ce travail global.

Tous nos efforts devraient donc se tourner vers ce but.

Les hommes actuels, si avancés soient-ils, réclament deux choses : du travail et de l'argent.

Ils ne demandent pas, ils ne prennent pas du pain, des vêtements, des livres, ils veulent du travail, de l'argent.

Ils ne se préoccupent jamais de savoir si le travail qu'ils exécutent apportera à eux, à leurs proches, aux hommes, une amélioration des conditions de la vie. Ils travaillent. Il leur plaît de travailler pour travailler. Ils ont des gestes de fous avec la même sérénité que des gestes raisonnables. Et le contrôleur du métro met à percer un bout de carton l'emphase qu'il pourrait prendre en faisant le « geste auguste du semeur. »

Mais loin de chercher à diminuer le travail inutile, l'homme, au contraire, enraye tout mouvement tendant à ce but. Quand on voulut démontrer à l'ouvrier que le machinisme ne lui était pas hostile, on ne lui dit pas : « Il diminue ton effort, te remplace dans le dur labeur », mais plutôt, « il augmentera la somme totale de travail, il poussera à la consommation factice. »

Et la machine à la confection de laquelle des centaines d'hommes travaillent dix ou douze heures par jour et qui servira à distribuer des plaquettes de chocolat ou des jetons de bistro, est considérée comme une bonne chose parce qu'elle donne du travail à l'ouvrier !

La classe possédante, elle, pense que c'est un des bons exutoires par lesquels s'en va l'effort humain.

Chaque fois que la science, en développant la mentalité des hommes, va supprimer quelques gestes inutiles, les hommes en tant qu'ouvriers, en tant que travailleurs, s'interposent. Leur syndicat, leur fédération viennent à la rescousse.

Le vieil homme qui couche à l'Elysée avait vu tout le ridicule, tout le servilisme de l'acte qui consiste à envoyer un bout de carton sur lequel, au préalable, on avait fait inscrire ses nom, prénoms, et titres. Beaucoup de hautes notabilités bêlèrent avec lui. La carte de visite allait être supprimée. C'était un effort ridicule de moins, sans compter tous les autres avantages individuels.

Immédiatement, le syndicat des Typographes, la Fédération Française des Travailleurs du Livre s'agitèrent, et après des pas et des démarches, le vieux consentit à se laisser submerger de tous les petits carrés de la politesse palpable.

Les « attendus » ouvriers seraient curieux à citer tout au long.

Il ne vint pas à l'idée de la C. G. T. de dire : « Parce que l'on n'imprime pas de cartes de visite, parce que l'on fabrique moins de Magands, rien de ce que consommaient les hommes qui imprimaient ou fabriquaient ces objets, n'est enlevé de la circulation économique, donc ces hommes, sans aucun risque pour les autres hommes, peuvent continuer à vivre comme précédemment. »

Il advint aussi, qu'une fois, l'autorité gouvernementale constata qu'il y avait assez d'armes dans les magasins de l'Etat et licencia, à Saint-Etienne, une partie des ouvriers de la manufacture. Le député de la circonscription, un nommé Aristide Briand, fit entendre sa voix pour « ces travailleurs injustement sacrifiés », et on les réintégra pour faire des fusils, des sabres, etc. Travail utile ! !! (On l'a vu à Limoges et à Villeneuve-Saint-Georges.)

Nous ne montrons là que des réformes officielles.

Citerons-nous l'ordre du jour à la Chambre des Députés, déposé par. M. Jules Coutant, socialiste, en compagnie de M. le marquis de Dion, de Georges Berry et d'autres aussi chics.

C'est au nom de la classe ouvrière, des mécaniciens dont il connaît, paraît-il, le travail par sa propre expérience, que le député ouvrier a demandé l'établissement d'une Exposition des Sports. Cet homme qui soutient les intérêts d'hommes vivant dans des logis insalubres, qui représente une partie de la population, privée d'air et de lumière, parle de construire des palais que l'on détruira au bout d'un an, dans le but d'occuper le travailleur.

Cet internationaliste parle de la concurrence étrangère et du développement de l'industrie française.

Il faut donner du travail à l'ouvrier !

Et le cri des quarante-huitards s'entend encore : **du travail !**

Aucune organisation économique ou parlementaire n'a pris le véritable chemin pour assurer la diminution de l'effort humain. La journée de huit heures n'est pas même une tentative de diminution de cet effort, mais bien plutôt une tentative pour sa généralisation.

La C. G. T., recommençant une campagne, ne se débarrasse nullement des errements du passé. Elle suit la route tracée par les politiciens et par les sentimentaux.

Elle ne peut résoudre la question de huit heures, pour plus exactement parler, la question de la diminution de la durée journalière de l'effort humain, qu'en s'amputant elle-même.

Les trois-quarts des métiers qui ont un bureau aux Bourses du Travail, sont des métiers inutiles, servant à entretenir l'organisation actuelle.

Si cette dernière est mauvaise,il n'y a qu'à tourner l'effort contre elle.

Que penser d'un médecin qui laisserait un homme absorber du poison troublant son organisme, ne lui en limitant que l'usage ?

Que ce médecin a besoin de clients.

La C. G. T ne veut toucher à l'organisation actuelle que d'une patte légère ; à la surface, sans jamais attaquer le principe de l'exploitation de l'homme, elle en discute les détails. Elle obtient des réformes légales, du genre de celle des bureaux de placements, dont le ridicule et l'imbécilité apparaissent sitôt la mise en pratique.

Que penser, sinon que la C G. T. a besoin de clients ?

Diminuer la journée de travail n'est pas une réforme, c'est un chambardement social ; les académies doctrinales, les corps organisés légalement n'ont rien à faire en cette occasion. C'est à la science et à la volonté des forts de porter la hache dans les branches de métier à élaguer, au lieu de laisser les imbéciles frapper à tort et à travers.

Pourquoi les hommes (tous les autres êtres de même, évidemment) travaillent-ils ? Dans quel but ?

La réponse est simple. Si l'homme a frotté longuement deux morceaux de bois l'un contre l'autre, s'il a taillé un silex, s'il l'a usé pendant des heures contre la poussière, c'était pour obtenir du feu, c'était pour obtenir une arme, ou plutôt un outil.

S'il a abattu des arbres, c'était pour s'en construire une hutte ; s'il a tissé des fibres végétales, c'était pour s'en former des vêtements ou des filets.

Tous ses gestes étaient des gestes utiles.

Quand la simplicité de ses goûts, et aussi l'horizon nécessairement borné de ses désirs,lui eurent procuré des loisirs, par suite de son adresse et des moyens découverts par lui et ses pareils, il trouva bon de faire des gestes dont l'utilité n'était pas si évidente, mais qui lui portaient une somme de plaisirs qu'il ne trouvait pas négligeable. Il donna à la pierre les formes qui lui parurent agréables ; il retraça sur le bois, les images qui l'avaient frappé.

De toutes les façons, les gestes qu'il faisait, nécessaires pour ses besoins immédiats ou nécessaires pour ses plaisirs, étaient des gestes dont il ne contestait pas l'utilité ; d'ailleurs, il lui était loisible de ne pas faire ceux du second ordre.

Par quelles formes l'homme d'alors travaillant la corne de renne, volontairement, pour son plaisir, passa pour arriver à l'homme d'aujourd'hui travaillant l'ivoire par force, pour le plaisir d'autrui, je n'entreprendrai pas de le décrire.

Pour des milliers d'hommes, les gestes agréables, faits volontairement, sont devenus du « métier » sans lesquels ils ne peuvent vivre. Les gestes qui servaient à embellir leur milieu deviennent la condition inévitable de leur vie. Les gestes qu'ils faisaient pour aiguiser leurs sens, ne font plus actuellement que les affaiblir, les user prématurément.

Les autres hommes se trouvent alors dans l'obligation de faire les gestes nécessaires à entretenir la vie sociale, et ils usent leur force aux mêmes gestes. Ils travaillent pour ceux qui font « métier » de gestes agréables, pour ceux qui vivent dans l'inactivité absolue par suite d'un malentendu social.

Ceux qui ne travaillent pas, aberration complète, extraordinaire, font contrôler à leur profit, le travail utile ou agréable des autres. Et ce service de contrôle augmente le nombre de gens qui ne font pas de travail utile, ni même agréable. Par conséquent, il augmente la part de labeur des autres.

Le cerveau a beau faire un travail perpétuel en vue d'améliorer le labeur du corps, faire de constantes découvertes, de constantes inventions, le résultat est quasi nul, le nombre des intermédiaires, des contrôleurs, des inutiles augmentant en proportion.

Une sorte de folie finit par gagner le monde. On en arrive à préférer aux gestes de première utilité, les gestes agréables, voire même les gestes purement inutiles. Tel qui n'a pas mangé, ou que très peu, fera faire des cartes de visite en bristol. Tel qui n'aura pas de chemise, portera des faux-cols d'une blancheur impeccable. Que de stupidités engendrées par les préjugés et la vanité imbécile des individus !

Par suite d'une force purement fictive, on emploie ses qualités à tort et à travers.

Des hommes, dont l'intérieur est noir et sale, peindront des devantures au ripolin ; d'autres, dont les enfants ne peuvent aller à l'école, composeront ou imprimeront des prospectus ou des menus de gala : d'autres encore tisseront des tentures merveilleuses, tandis que la femme qui est à leur foyer n'a pas une jupe chaude à mettre sur son ventre engrossé.

L'homme a oublié que,primitivement,il faisait des gestes de travail, en vue de vivre tout d'abord, de s'être agréable ensuite. Ce que nous avons à faire, c'est de le luï rappeler.

*
* *

Dans une étude sur le travail, on ne saurait passer sous silence, le problème du machinisme.

La machine a-t-elle été utile à l'homme ? A-t-elle diminué son effort en lui permettant le développement de ses facultés ?

Si l'on prend ces questions au pied de la lettre, on peut répondre : non, simplement, à toutes deux.

Il a pu sembler, il est même véritable que l'emploi de la machine a diminué l'effort en durée et en quantité,mais on peut affirmer que ce n'est que d'une manière fictive.

La machine fait les gros travaux,diminue la puissance de l'effort ; mais elle demande une surveillance constante, une tension de tous les sens,elle augmente la qualité de l'effort.

La machine travaillant avec une plus grande rapidité, diminue la présence à l'atelier ; mais elle ne permet pas l'arrêt, le repos, la flânerie et elle augmente la durée effective de l'effort.

La machine ne laisse plus, à l'homme qui la mène — la langue a quelque ironie — que peu de mouvements à faire, toujours les mêmes. A aucun moment, elle ne lui demande de l'esprit, de la réflexion, de l'initiative. Son cerveau reste inactif. La répétition des mêmes gestes entraîne la fatigue des mêmes organes et amène une lassitude, une fatigue qui empoisonne tout l'organisme humain.

De plus la monotonie des gestes amène l'ennui qui double, qui triple la fatigue occasionnée. Si le plaisir est un des facteurs de la digestion, on peut dire aussi qu'il est un des meilleurs facteurs de la production. Il augmente la qualité de l'énergie fournie tout en diminuant la quantité de l'effort demandé.

Je passerai rapidement en mémoire d'autres méfaits qu'on peut reprocher au machinisme : l'arrogance patronale provoquée par la facilité de remplacer la main-d'œuvre ; le chômage venant de la surproduction de la machine ; l'emploi de l'enfant, vu la simplicité des gestes à accomplir ; la mobilité qu'elle occasionne dans la vie des ouvriers par la facilité de leur déplacement, etc., etc.

Ceci examiné, peut-on dire avoir trouvé des inconvénients inhérents à la machine elle-même? On peut affirmer que non. Ce n'est que la façon de se servir de la machine qui est jusqu'ici en cause, c'est l'organisation du machinisme qui est défectueuse. C'est la façon de la faire produire et la façon de faire circuler ce qu'elle produit qui sont mauvaises.

Les hommes s'en prennent à la machine comme l'enfant qui se coupe s'en prend au couteau : tous deux devraient s'en prendre à leur maladresse, à leur ignorance ou à leur faiblesse.

C'est parce qu'après l'avoir bâtie de toutes pièces, ils laissent la direction de son rendement à certains individus faisant accroire que l'or et l'argent servent à en graisser le mécanisme, que la machine n'est profitable qu'à quelques-uns.

Le watmann ne se fatigue pas de guider la machine du métro ; ce n'est pas un effort au-dessus de sa puissance musculaire, ni au-dessus de l'attention de ses sens. Il se fatigue de la guider trop longtemps, de faire la répétition des mêmes gestes trop souvent. Que ne met-il à sa place le troueur de cartons ou le receveur de rondelles de cuivre, l'employé du wagon ou le contrôleur en balade. J'irai plus loin, je citerai autre chose que ces inutiles ; que ne prend-il le balai pour assainir les couloirs ou ne vérifie-t-il pas l'heure des départs des trains pour éviter les accidents, alors que ceux qui font ces travaux prendraient successivement la manette ?

Pourquoi ? Non pas à cause de la machine, mais à cause de la mauvaise organisation présidant à l'emploi de cette machine.

Comment alors qu'il est tant d'hommes qui voudraient consacrer leurs efforts aux labeurs utiles, ne voit-on pas s'augmenter l'instruction technique, leur permettant l'emploi de facultés qui restent toujours inactives ?

L'empoisonnement par la fatigue des muscles et des nerfs d'un homme, n'est-il pas une perte sèche pour la somme des hommes tout entière ? Ne faut-il pas essayer de remédier à la répétition et à la durée des gestes qui le provoquent ?

Il ne viendrait à personne l'idée de répondre négativement, si tous les hommes étaient organisés pour obtenir le maximum de production avec le minimum d'efforts. Mais, ironie, les hommes sont organisés pour obtenir le maximum de plaisir à quelques-uns d'entre eux, au moyen de l'effort de tous les autres. C'est pourtant à ceux-là qu'est confiée la direction du travail. Elle est forcément mauvaise. La bonne organisation du labeur humain ne saurait les intéresser.

La machine est le moyen redoutable qui sert à enchaîner davantage les hommes. Quand ils le voudront, elle sera l'arme redoutable qui asservira la nature à leurs désirs.

Mais pour cela, il faut examiner la grande machine sociale, la débarrasser avec soin de tous les poids morts, de tous les rouages inutiles, et jeter à la fonte les vieux débris qui ne servent qu'à alourdir sa marche.

Alors les hommes pourront songer utilement à faire de la machine leur auxiliaire le plus puissant.

Le travail antisocial, désastreux par lui-même, entraîne à des conséquences plus graves encore.

Les hommes passent les trois quarts de leur vie à hâter la venue de leur mort. La mort est la grande préoccupation des vivants ; soit qu'ils se préparent à la donner, soit qu'ils fabriquent des instruments pour la donner, soit qu'ils se consacrent à son culte ou qu'ils cultivent et entretiennent son domaine.

Les hommes font des gestes de mort. C'est une obsession tragique. Mais, à certaines heures, l'obsession devient horrifiante. La population entière semble se mouvoir, se vivre pour choisir des prêtres qui se consacrent au culte de la mort. L'heure du départ de la classe est, entre toutes, l'heure du sacrifice à la maladie, à l'inaction, à la mort.

Tous les ans, des individus dans la force de l'âge s'arrachent à un travail de vie, pour commencer un travail de mort. Ils gagnent leur nourriture, leur vêtement, leur logement, ils travaillent à leur plaisir ; ils consacrent leurs forces, leur esprit, leurs aptitudes â récupérer auprès des autres hommes ce que dépense l'entretien de leur organisme. Puis, tout-à-coup, sans qu'aucune raison de maladie, sans qu'aucun besoin de repos apparent ne se manifestent, ils s'arrêtent dans leur activité, ils sortent de la vie. Ils commencent à pratiquer la paresse,ils entrent dans la mort.

Ils servaient leur individu, ils servaient la société... ils vont servir la patrie.

Ils servaient quelque chose de tangible, un individu, une association d'individus dont ils faisaient partie, ils vont servir une entité,une association d'entités dont les hommes ne sauraient faire partie.

Alors que les hommes consacrent à peine,ou ne consacrent même pas, une partie d'eux-mêmes à assurer la vitalité des organismes d'enfants – qui, devenus hommes, assureront la vitalité du leur — d'organismes de malades — situation pénible, dans laquelle ils pourront se trouver — d'organismes de vieillards — condition où se trouvera presque certainement leur organisme — alors,dis-je,que les hommes n'assurent pas la vitalité des organismes d'enfants, de malades, de vieillards, ils décident d'assurer la vitalité d'organismes d'hommes pris parmi les plus sains et les plus forts. Ils décident de pétrir leur pain, de tisser leur vêtement, de construire leur maison.

Quelle aberration ! ! !

Mais où se complique,mais où devient plus extraordinaire l'aberration des premiers individus et celle des seconds,c'est lorsque les uns, non contents de ne plus faire acte de vie, s'exercent à faire des actes de mort, et lorsque les autres, non contents de travailler à l'existence des paresseux amateurs, se mettent à travailler à leur fabriquer des joujous meurtriers, des canons, des fusils, des sabres.

Ainsi des individus consentent à laisser inactifs et à nourrir dans leur inactivité des quantités d'autres individus, mais de plus, alors que la société les oblige à faire un travail manuel exténuant, ils fabriquent pour divertir ces paresseux des machines compliquées dont la construction leur demande un effort considérable.

Alors que les hommes se servent encore de bateaux de pêche si rudimentaires, qu'il en reste tous les jours en mer, ils construisent d'énormes cuirassés dont l'usage est de faire la guerre, dont le but est de tuer ; alors que le long des côtes des hommes se noient journellement sans qu'aucun appareil existe pour essayer de les sauver, ils construisent des sous-marins merveilleux dont l'emploi est de détruire en une minute le travail de centaines d'entre eux, tout le long d'une année.

Alors que les hommes dirigent le soc péniblement sur la terre dure, ils fabriquent des canons, des fusils pour tuer les laboureurs ; alors que des hommes habitent des cabanes ou des logements insalubres, ils bâtissent des forts et des redoutes où ne s'abrite nulle famille. Alors, alors... mais la liste des gestes de mort serait longue et fastidieuse.

Le travail de mort occupe plus d'hommes que le travail de vie. L'armée est un chancre douloureux qui vit sur l'organisme humain, et les pansements nécessités dépensent plus d'énergie que l'entretien de tout le reste du corps.

Les peuples, les sociétés, les hommes, entretiennent ce chancre, l'armée ; ils en favorisent les écoulements, les guerres ; ils en vénèrent les manifestations tragiques et douloureuses, les héros et les victimes de la patrie ; ils fréquentent les mauvais lieux où il se gagne, les casernes.

Qui plus est, ils enseignent aux enfants à aimer pieusement ce mal et ses purulences, le patriotisme et le militarisme. Et l'on voit des générations entières se vouer une haine réciproque parce qu'elles n'ont pas gagné leur mal à fréquenter la même patrie, la même Marianne, parce qu'elles ne se pansent pas à des linges de même couleur, à des drapeaux de même forme.

Et l'on rencontre par les rues des villes, dans tous les pays, des gens gorgés d'alcool ou de patriotisme qui crient: « Vive l'armée, vive la syphilis, vivent les soldats, vivent les morpions, vive la crasse, vive l'honneur ».

Les institutions sociales de maintenant, si désuètes, si anormales qu'elles nous paraissent, sont profondément ancrées dans la société, et ce n'est pas un faible travail que d'essayer de les déraciner.

Elles ont su faire partie liée non seulement avec leurs bénéficiaires mais encore avec ceux qu'elles exploitent le plus durement. Et quiconque veut les toucher, se heurte à la masse anonyme des producteurs d'énergie, dont elles sont ou paraissent être les transmutateurs nécessaires.

Si l'on touche à l'armée, si on parle d'en diminuer l'effectif ou bien de rogner les crédits affectés à son développement, ce n'est pas seulement toute la hiérarchie militaire qui bouge, qui se dresse, c'est toute la gent ouvrière, fabricante de canons, de fusils, de sabres, de poudre, de cuirassés, de torpilles et quoi encore... Ce n'est pas seulement « l'avenir brisé » de la progéniture soldatesque, c'est la misère et la douleur pour toute une enfance ouvrière qui soulèvent le sentimentalisme de la population.

Des villes entières sont bâties et vivent du chancre militaire, de la pourriture patriotique, de l'élaboration constante d'un travail de mort. Les villes d'arsenaux, les villes de manufactures d'armes sont des purulences exclusivement militaires. Si, par hygiène sociale, vous enlevez ces charognes, ces purulences, les hommes qui en vivent pour en mieux mourir, ne sauront pas jeter leurs efforts vers une activité meilleure, une nourriture plus saine.

Ou, tout au moins, on les a persuadés de cela et ils défendent ce qu'ils appellent leur gagne-pain.

Si tout-à-coup, la démonstration que l'absinthe, que le tabac, sont des poisons devenait évidente pour tous, on peut se demander si les milliers d'hommes qu'emploie leur industrie, ne demanderaient pas aux autres hommes de continuer à s'empoisonner afin de les faire vivre.

Mais jusqu'ici ces « ouvriers » n'avaient pas essayé

d'étayer leur absurdité de raisonnements basés sur la logique et s'ils soutenaient d'une façon occulte, la spéculation qui les faisait soi-disant vivre, ils n'en prenaient pas la défense publique.

Il y a quelques années, à propos d'un article sur les histoires de la « Séparation » que René Chaughi faisait paraître dans les *Temps Nouveaux,* il reçut une lettre-réponse d'un certain M. Etienne Decrept, littérateur libertarisant à ses heures. L'un des griefs les plus sérieux de ce singulier contradicteur était le chômage dans lequel allaient être précipités les ferronniers, menuisiers, mosaïstes, organistes, fabricants d'hostie, dentellières, etc.

En acceptant comme vrais les chiffres de Decrept, comme réelle la situation qu'il nous dénonça, je suis heureux que ces deux cents mille ouvriers d'églises et leur famille soient sans pain, parce qu'on se refuse à continuer de solder ce travail de religiomanie ridicule, d'habillage d'autel ou d'archevêque, de confections pour idole ou de diadème pour vierge. De même je serais heureux que les hommes se décident à ne plus payer le travail de canons, de fusils, de poudre, dut-il résulter de cette décision la crevaison des ouvriers qui vivent de la charogne militaresque.

Je suis convaincu que la terre aurait vite fait de recouvrer son effectif humain, et de bien meilleure qualité, si je puis m'exprimer ainsi.

Oui, que les hommes, même anarchistes, vaincus par la concurrence, par le besoin de manger au milieu de l'imbécilité de leurs contemporains, fassent un métier inutile, ridicule, soit. Mais lorsque par un fait ou par l'autre, un cancer est arraché de l'organisme, peut-on faire autre chose que se réjouir, constater le progrès ?

Et je dis plus ; non seulement les hommes devraient se refuser à un travail de meurtre ou de puérilité, alors que l'effort de leurs bras ou de leur cerveau est de toute nécessité pour un travail de vie et d'utilité, mais ils devraient se décider à considérer comme des parasites, aux mêmes titres que les prêtres, les officiers, les rentiers, ceux qui consacrent par un apport quelconque l'église, l'armée et la rente.

Le contrôleur des finances et celui du chemin de fer, le bourreau et le factionnaire de la banque, le tisseur de chasubles et de rubans de la légion d'honneur, le correcteur et l'imprimeur du code et de l'évangile, le chercheur d'or et de diamant peuvent disparaître, écrasés par le tourbillon du progrès, sans que je fasse un mouvement pour empêcher rien.

Si la science devait s'arrêter aux ennuis et aux troubles qu'elle cause aux imbéciles, aux parasites et aux bêtes féroces, nous en serions encore à la plus cruelle sauvagerie.

Le lierre, après s'être implanté dans le mur, déclare qu'il le soutient. Et même, à un certain moment, après des ans et des ans de parasitisme, cela est vrai. N'importe, arrachons le lierre du mur, ce dernier dut-il s'écrouler. Je dirai mieux: arrachons-le pour qu'il s'écroule.

A ce moment, nous verrons à construire un mur que liera le ciment de la camaraderie et de l'effort utile et où ne s'implantera plus le lierre de la concurrence et des gestes inutiles.

***

Des faits récents pourraient nous faire réfléchir à ces choses. En dix-huit mois, les minotiers de la région de Saint-Jean-d'Angély ont reçu plus de cent mille kilos de talc, nous dit l'enquête du Procureur de la République. En tenant compte de la maladresse de l'opérateur, des protections de ceux qui, par un moyen ou par un autre, échappent à cette statistique, on peut doubler la quantité.

Des industriels livraient donc, journellement, sous le nom de farine, plus de trois cents kilos de talc.

Le talc est une matière minérale, du silicilate de magnésie, qui, tout en n'étant pas toxique, peut apporter des troubles dans la bonne marche de l'organisme. Il n'a évidemment aucune des qualités nutritives de la farine et remplit l'estomac sans fournir au corps des éléments reconstituants. Tout au contraire, comme il ne s'assimile pas, il continue à encombrer l'estomac, jusqu'à devenir un danger et provoquer alors l'effet d'un constipant énergique.

Plus d'une cinquantaine d'industriels travaillaient donc à empoisonner leurs contemporains, en prenant pour base de leurs opérations, une matière essentiellement indispensable. On me permettra de compter comme secondaire la question de la valeur. Je ne la citerai que pour mémoire. Alors que la farine est côtée de 30 à 35 francs les 100 kilos, le talc ne se vend que 3 fr. 10, et pris en grande quantité se vend bien moins encore. Mais cela importe peu.

Nous examinerons avec plus d'attention tous les rouages de la société, complice de son propre empoisonnement. Depuis longtemps les chefs des exploitations des carrières de talc, trouvent les débouchés de cette matière, non dans des emplois utiles, mais dans des falsifications d'autres matières. Ceux qui envoyaient du talc par dix mille kilos, aux minotiers de Saint-Jean-d'Angély — et d'ailleurs — savaient pertinemment à quel usage était destinée cette matière.

Ils le savaient de telle façon que, par une complicité tacite et acceptée, ils majoraient les prix de vente, afin de participer aux bénéfices frauduleux que donnait ce genre d'opération : faire manger du talc pour de la farine.

Si les chefs des gares expéditrices pouvaient au su et au vu ne pas connaître l'usage de la matière expédiée, les chefs des gares réceptrices ne pouvaient pas l'ignorer. C'est au su et au vu de tous que l'on falsifie les matières servant à l'habitation, au vêtement ; c'est au su et au vu de tous, que l'on falsifie les matières servant à l'alimentation, c'est-à-dire pouvant amener la mort de ceux qui les consomment.

L'opinion publique s'indignera contre les industriels en cause dans cette affaire. Celui qui vend du coton pour de la laine, un meuble en bois blanc pour un meuble en chêne, trouveront de vertueux cris d'indignation. Le peuple montrera le poing, — de loin, respectueusement — aux maisons des coupables. Il en est qui ne seront point touchés par la réprobation, ni par la vindicte. Ce sont, à mon avis, les plus coupables — si coupables il saurait y avoir, — par suite de la communauté de biens et d'intérêts qui les attachait aux victimes de l'empoisonnement.

Ce sont les ouvriers minotiers, les employés des gares et sans doute les mitrons.

Ils déchargeaient avec la même insouciance le talc et la farine. Ils préparaient les mélanges de leurs mains expertes.

Ils pétrissaient la pâte falsifiée, qui devait faire le pain empoisonné. Ils manipulaient d'une façon ou de l'autre la matière qui porterait la perturbation dans l'organisme de leurs amis, de leurs parents.

Peut-être même, le mitron, sur l'ordre du boulanger, préparait-il le pain des riches avec d'autres farines, des farines supérieures ? Et sans doute ne lui venait-il jamais l'idée de se demander pourquoi deux pâtes ? Et jamais ne se souciait-il non plus de l'onctuosité étrange de telle farine ? N'était-il pas un ouvrier comme l'employé de la gare, comme le porteur de la minoterie, c'est-à-dire l'esclave, qui ne saurait avoir aucune responsabilité dans ses actes et aucune solidarité avec les autres hommes de labeur ?

Les hommes pour assurer leur tranquillité, pour veiller à leur hygiène, à leur santé, à leur vie. délèguent un grand nombre d'entre eux. Ils n'ont jamais l'idée de se garantir eux-mêmes, ce qui serait pourtant tout simple.

Il faudrait que les hommes cessent d'employer cette duplicité constante qui les fait être tour à tour acteur du délit et acteur de sa répression. Tel qui sera juré pour l'affaire des farines, alourdira les huiles avec le même talc. Tel qui s'indignera contre la falsification du pain aura rafraîchi de la viande avariée.

Les hommes dépensent une grande part d'énergie à contrôler les actes d'autrui sans jamais songer à contrôler leurs propres actes. Ils établissent des lois, des règlements, des statuts qu'ils travaillent à enfreindre eux-mêmes. « Pas vu pas pris ». Ils se plaisent à faire une danse des œufs au milieu de l'enchevêtrement législatif.

La loi de Sparte punissant celui qui se faisait prendre, alors qu'elle applaudissait aux forfaits des malins, est fort décriée aujourd'hui : quoi qu'on en dise, elle est toujours en vigueur, mais elle se masque d'hypocrisie.

Si les hommes dépensaient les efforts qu'ils emploient à prendre en défaut et à punir ensuite les autres hommes, à s'instruire et à se transformer ; s'ils employaient le temps qu'ils prennent à connaître des choses qui sont défendues, des lois qui les frappent et des peines qu'ils encourent, à connaître des gestes qui sont nuisibles et pernicieux à leur santé, à savoir quels sont les accidents qui résultent de l'infraction aux lois de la nature ; s'ils mettaient l'esprit qu'ils déploient à se garantir les uns des autres à chercher à augmenter leur valeur et leur puissance mutuellement ; les hommes vivraient intensément.

Des bourgeois constitués en jury, viennent de déclarer vouloir conserver la peine de mort contre les apaches ; — c'est-à-dire des déshérités de l'ordre social — Que penseraient-ils, si les ouvriers, les paysans, empoisonnés par les patrons minotiers — des favorisés de l'ordre social — décidaient d'appliquer la peine de mort à ceux qui ont décimé leur famille par la mort ou détruit la puissance de leur corps par la maladie ?

Pour la détérioration d'un bras d'agent — rouage inutile — on demande la mort d'un autre homme, pour la détérioration de l'organisme d'un cultivateur — rouage utile — ne pourrait-on demander la mort ? D'autant que cette fois, il y a préméditation, circonstance aggravante, selon la loi.

Négociants en talcs et en farines sont sans inquiétude de ce qui leur arrivera. Leurs empoisonnements intéressent le juge ; ils avaient nécessité le médecin. Ils emploient une des formes du travail prévues par l'organisation sociale. Ils font travailler les professions libérales (?). Grâce à eux, le petit potard a frelaté des matières médicamenteuses et l'employé du greffe copiera des exploits. Ils font donc aussi travailler l'ouvrier.

J'ai lu l'opinion publique dans plusieurs journaux. On dit « qu'on ne laissera pas jouer impunément avec la loi et la santé publique ». Autant parler immédiatement de supprimer tous les rouages sociaux, de détruire la société actuelle.

Avec l'affaire des minotiers de Saint-Jean-d'Angély, trafiquant la farine avec du talc, empoisonnant le pain qu'ils fournissaient, se débat le procès toujours pendant de toutes les falsifications, de tous les trafics, de tous les mensonges. Or, ils sont inhérents à l'organisation sociale. Nous sommes tous des menteurs, des trafiqueurs et des empoisonneurs ; des trompés, des vendus et des empoisonnés. Nous ne pouvons pas être autre chose que des malades dans cette pestilence. Si nous voulons être des individus sains, il faut nous décider à démolir la machine politique, morale et économique jusque dans ses plus infimes rouages.

Il faudrait tout un volume pour signaler en détail les effrayantes occupations humaines.

Ne voyons-nous pas, au centre des villes, de grands espaces que les vivants entretiennent pieusement : ce sont les cimetières, les jardins des morts.

Les vivants se plaisent à enfouir; tout près des berceaux de leurs enfants, des amas de chair en décomposition, de la charogne, les éléments nutritifs de toutes les maladies, le champ de culture de toutes les infections.

Ils consacrent de grands espaces plantés d'arbres magnifiques, pour y déposer un corps typhoïdique, pestilentiel, charbonneux, à un ou deux mètres de profondeur ; et les virus infectieux, au bout de quelques jours, se baladent par la ville, cherchant d'autres victimes.

Les hommes qui n'ont aucun respect pour leur organisme vivant, qu'ils épuisent, qu'ils empoisonnent, qu'ils risquent, prennent tout-à-coup un respect comique pour leur dépouille mortelle, alors qu'il faudrait s'en débarrasser au plus vite, la mettre sous la forme la moins encombrante et la plus utilisable

Le culte des morts est une des plus grossières aberrations des vivants. C'est un reste des religions prometteuses de paradis. Il faut préparer aux morts la visite de l'au-delà, leur mettre des armes pour qu'ils puissent prendre part aux chasses du Velléda, quelque nourriture pour faire le voyage, leur donner le suprême viatique, enfin les préparer à se présenter devant Dieu.

Des nuées d'ouvriers, d'ouvrières, emploient leurs aptitudes, leur énergie, à entretenir le culte des morts. Des hommes creusent le sol, taillent la pierre et le marbre, forgent des grilles, préparent à eux tous, une maison, afin d'y enfouir respectueusement la charogne syphilitique qui vient de mourir.

Des femmes tissent le linceul, font les fleurs artificielles, préparent les couronnes, façonnent les bouquets pour orner la maison où se reposera l'amas en décomposition du tuberculeux qui vient de finir Au lieu de se hâter de faire disparaître ces foyers de corruption, d'employer toute la vélocité et toute l'hygiène possible à détruire ces centres mauvais dont la conservation et l'entretien ne peuvent que porter la mort autour de soi, on truque pour les conserver le plus longtemps qu'il se peut, on balade ces tas de chair en wagons spéciaux, en corbillards, par les routes et par les rues. Sur leur passage, les hommes se découvrent. Ils respectent la mort.

Pour entretenir le culte des morts, la somme d'efforts, la somme de matière que dépense l'humanité est inconcevable. Si l'on employait toutes ces forces à sauvegarder les enfants, on en préserverait de la maladie et de la mort, des milliers et des milliers.

Si cet imbécile respect des morts disparaissait pour faire place au respect des vivants, on augmenterait la vie humaine de bonheur et de santé dans des proportions inimaginables.

Les hommes acceptent l'hypocrisie des *nécrophages*, de ceux qui *mangent les morts,* de ceux qui vivent de la mort, depuis le curé, donneur d'eau bénite, jusqu'au marchand d'emplacements à perpétuité ; depuis le vendeur de couronnes, jusqu'au sculpteur d'anges mortuaires. Avec des boîtes ridicules que conduisent et qu'accompagnent des sortes de pantins grotesques, on procède à l'enlèvement de ces détritus humains et à leur répartition selon leur état de fortune, alors qu'il suffirait d'un bon service de roulage, de voitures hermétiquement closes et d'un four crématoire, construit selon les dernières découvertes scientifiques.

Je ne me préoccuperai pas de l'emploi des cendres quoiqu'il me paraîtrait plus intéressant de s'en servir d'humus que de les balader en de petites boîtes.

Les hommes se plaignent du travail et ils ne veulent même pas simplifier les gestes trop compliqués en presque toutes les occasions de leur existence, et même pas supprimer ceux qu'ils font pour l'imbécile autant que dangereuse conservation de leurs cadavres.

***

Chaque jour, quelques faits nouveaux réveillent en moi

cette obsession de l'ouvrier bâtissant lui-même la prison douloureuse, la cité meurtrière où il s'enfermera, où il respirera le poison et la mort.

Je vois se dresser en face de moi, alors que je cherche à conquérir plus de bonheur, le monstre du prolétariat, l'ouvrier honnête, l'ouvrier prévoyant.

Ce n'est pas le sceptre du capital, ni les ventres bourgeois que je trouve sur ma route : je chasserais ce fantôme et je crèverais ces ventres ; c'est la foultitude des travailleurs de la glèbe, de l'usine qui entrave mon chemin... Ils sont trop nombreux. Je ne puis rien contre eux.

Il faut bien vivre... Et l'ouvrier trompe, vole, empoisonne, asphyxie, noie, brûle son frère, parce qu'il faut vivre.

O l'éternelle raison de vivre qui fait porter la mort entre les frères de la même famille, entre les individus de mêmes intérêts, comme elle résonne douloureusement à nos oreilles.

Le tigre qui guette sa proie, dans la jungle, ou le pélican qui va jeter son bec en l'eau pour happer sa nourriture, luttent contre les autres espèces afin de vivre. Mais ni le poisson, ni l'antilope n'échangent de vains salamalecs avec le tigre et le pélican. Et le tigre et le pélican ne fondent pas des syndicats de solidarité avec l'antilope et le poisson.

Mais cette main que vous serrez a versé l'eau mauvaise, empoisonnée, dans le lait que vous avez bu, tout à l'heure, chez la crémière.

Mais cet homme qui étend son corps près du vôtre, dans le même lit, vient de rafraîchir aux Halles de la viande corrompue que vous mangerez à midi, au restaurant côtoyant l'usine.

En retour, c'est vous qui avez fabriqué les chaussures en carton dont l'humidité a jeté l'un sur le lit ou bien vous avez construit le mauvais soutènement du métro qui s'est écroulé sur la mère de l'autre.

Vous vous cotoyez, vous vous causez, vous vous embrassez, fratricides mutuels, meurtriers de vous-mêmes. Et lorsque sous vos coups redoublés, l'un de vous tombe, vous levez le chapeau et vous accompagnez sa charogne sous terre, de façon que, même crevé, il continue son rôle d'assassin, d'empoisonneur et qu'il envoie les derniers relents de sa chair putride pour corrompre la jeune chair de ses enfants et des vôtres.

Parlez contre l'armée, soyez antimilitaristes, criez contre l'envoi de soldats aux grèves, ô femmes dont le ventre s'ouvre pour laisser tomber des petits pioupious; ô ouvriers qui confectionnez la livrée, tissez les galons, fabriquez le fusil, bâtissez la caserne, construisez le vaisseau de guerre et qui touchez la prime, participez aux bénéfices dans la confection des torpilles, vos cris à tous, sont d'hypocrites manifestations. C'est vous, vous les ouvriers, qui fabriquez la matière vivante et la matière traitée pour vous tuer mutuellement. Ne parlez pas, près de moi, d'humanité, de solidarité, fratricides, dont le cerveau est obstrué par l'âpre désir de remplir votre ventre.

Voici encore ce que je viens de lire, ce dont nous informent les journaux :

Toulon, 30 juin 1907 — Par suite de la pénurie causée dans la fabrication des torpilles, par la concurrence des ateliers autrichiens de Fiume, le ministre de la marine vient de prescrire l'étude d'un système de participation aux bénéfices, cette mesure aurait l'effet d'augmenter la fabrication en accordant aux ouvriers une prime, lorsqu'une certaine moyenne de travail aurait été dépassée.

La voilà, la bonne participation aux bénéfices, la prime pour la surproduction, la surproduction d'obus, d'engins meurtriers.

Allez, ouvriers, du courage, il y a la prime au bout, la goutte à boire, pourrait-on dire, car n'est-ce pas plus d'alcool que la prime promet? Penchez-vous sur l'étau, soignez la fabrication, évoquez en vous l'idée du carnage que feront les pièces qui sortiront de vos mains. Confectionnez, ouvriers antimilitaristes, ouvriers syndiqués, l'arme qui tuera vos frères d'Autriche ou d'Italie... Il faut bien vivre.

Et vous, Autrichiens, gens de Fiume, aidez à construire des torpilles pour la France, ces torpilles que l'on jettera contre vous-mêmes, lorsque vous serez parqués sur les bateaux de guerre.

Ce n'est ni pour la patrie, ni pour la défense du sol que l'on devient ouvriers de la mort, que l'on fabrique de la mort, puisque les ateliers nationaux échangent internationalement leurs produits meurtriers, se fournissant mutuellement les derniers perfectionnements, c'est pour défendre l'organisation actuelle de la société.

Si l'ouvrier se courbe au travail, c'est parce qu'il faut bien vivre.

C'est pour garnir son ventre à son aise, c'est pour vider son bas-ventre à son gré que l'ouvrier empoisonne et tue ses contemporains.

Comment, ces hommes qui se syndiquent pour discuter le temps qu'ils donneront ou la prime qu'ils recevront, n'ont pas l'idée de se réunir pour décider qu'ils ne continueront pas à confectionner des armes pour se tuer ?

Pourquoi ?... Parce que tous les ouvriers ont, en eux, l'espoir secret d'être demain le jouisseur et le patron ! Pourquoi ?... Parce que tous ces gens sont des honnêtes et des économes qui sont heureux de sentir leur vertu et leur bas de laine sauvegardés par le gendarme et le fusil Lebel.

Pourquoi ? Parce que leur banalité et leur bêtise sont heureuses de sentir planer l'idée de Patrie et l'idée de Dieu, afin d'y trouver de vaines espérances, comme ils les trouvent, rapides, dans l'absinthe qu'ils vident goulûment.

Pourquoi ? Parce que c'était hier ainsi et qu'il faudrait quitter sa fainéantise, sa malpropreté, pour être demain autrement. Pourquoi ? Parce qu'il faut continuer les vieilles formes, les vieilles coutumes, dans le fond tout au moins, car il est permis de toucher à la forme et de suivre une mode.

Pourquoi ? Parce que de même que le bourgeois dégénéré a besoin d'épices et de cantharidine, l'ouvrier ne peut voir sa vie que dans la pourriture, la bassesse et l'obéissance, dans l'alcool et la puanteur.

Etre employé à la construction d'un navire de guerre n'implique pas forcément une adhésion morale au militarisme, mais bien une adhésion effective au point de vue de la dépense d'énergie. Un homme qui est soldat peut dire de même. Il n'est pas militariste, moralement parlant, mais il est quand même une unité faisant la fonction du militarisme. Encore le soldat pourrait-il donner, plus raisonnablement, cet argument que l'ouvrier d'arsenal : il peut affirmer être prêt à ne jamais exécuter d'une façon effective le labeur pour lequel il est requis, alors que l'ouvrier susdit fabrique tous les jours des armes.

Il n'est pas suffisant d'agir simplement lorsque la « production sera bien ordonnée », mais de faire les mouvements pour que la production soit bien ordonnée. Ce n'est pas une raison parce que « toute l'activité est dirigée vers l'enrichissement d'une minorité possédante, qu'il importe peu que nous fassions des mouvements inutiles » tout au contraire, il faut faire des mouvements utiles, pour que notre activité soit mieux dirigée.

D'aucuns disent : « C'est pour supprimer ces fonctions — inutiles et mauvaises - que nous désirons créer une société nouvelle ». Ce qui équivaut à dire : « C'est pour supprimer les maladies que nous désirons créer un homme sain ».

Nous disons : « Il faut supprimer ces fonctions pour arriver à former une société meilleure », c'est-à-dire : « Guérissons nos maladies pour être des hommes sains ». Lorsque l'homme est sain, il n'est plus question de guérir ses maladies, mais seulement de prévoir qu'il ne les reprenne; de même si la société est bien organisée, il ne saurait être question de détruire le parasitisme, le fonctionnarisme, le labeur nocif, etc., mais seulement d'éviter le retour de ces tares économiques.

On nous dit encore : « Les hommes œuvrent pour gagner un salaire. Cela n'a rien à voir avec nos conceptions économiques ». Les agents de M. Lépine et les gendarmes de Draveil peuvent répondre semblablement. Cela est vrai pour un cas comme pour l'autre. Aussi faut-il s'attacher à prouver aux hommes qu'il serait bon de ne pas « œuvrer » pour un salaire, lequel n'est qu'une représentative de nos besoins, mais bien plutôt pour satisfaire nos besoins eux-mêmes.

Je ne sais qui vaut le mieux, au point de vue économique, du mitron encore patriote, parce qu'on n'a su lui faire concevoir l'absurdité et le danger de l'idée de patrie, ou de l'ouvrier de l'arsenal antimilitariste qui, sachant qu'il fait mal, continue à armer de carabines les dragons du 18e et du 27e.

« Nous ferons ceci, nous ferons cela », j'aime mieux dire: « Faisons ceci, faisons cela », si minime soit le ceci et cela du présent et si important soit le ceci et le cela du futur. J'ai trop entendu de gens qui se marient, qui s'avilissent, s'embourgeoisent, me dire : « Au jour de la Révolution, nous serons à vos côtés », alors qu'ils sont présentement nos ennemis.

Je pense que pour poser solidement notre doctrine, il faut pouvoir vivre un minimum d'idées, tout en sachant montrer que l'hérédité et l'ambiance nous empêchent d'en vivre la formule d'une façon parfaite. Pour ma part je me méfie des belles promesses et je veux essayer de vivre mes idées pour pouvoir les reviser. Les belles phrases n'ont pas assez de relief à mes yeux, pour que je ne puisse sentir les erreurs qu'elles peuvent cacher.

Je ne sais ce qu'on ferait après le *Grand Soir*. Ce ne serait peut-être pas des 120-courts ou des torpilles, mais bien des médailles commémoratives de la Révolution et les bustes des héros et des martyrs, alors que le mitron patriote, ferait toujours du pain pour ceux qui burineraient le faciès des « hommes du jour » de ce « grand soir ».

Je ne fréquente pas les camarades qui peuvent dire : « Oui, la cité future, très joli mais c'est lointain ! », mais des amis qui ne conçoivent demain qu'en marchant devant eux et qui sollicitent une meilleure minute en vivant la minute présente. La destruction totale est faite de destructions partielles. On ne décrète pas la conscience sociale, on la forme tous les jours.

Non, « les anarchistes ne produisent pas, ne consomment pas comme les contemporains, c'est-à-dire de façon dérai sonnable », — je parle pour ceux qui s'efforcent de l'être, non demain, mais aujourd'hui — Si, parfois, il leur arrive de produire déraisonnablement, c'est à leur corps défendant et en « sabotant » alors ces produits, mais toujours ils s'efforcent de ne consommer qu'utilement. Une vie anarchiste est une vie de réactions constantes. Elle se vit sous tous les régimes. Je n'en conçois pas d'autre.

Les hommes conscients travaillent pour jouir, pour la satisfaction de leur estomac et de tous leurs sens, et ils le savent. Ils ne veulent pas couvrir les gestes faits en ce but, d'oripeaux et de masques. Le travail ne leur semble pas une vertu,une force,quand il est fait de gestes improductifs.

Derrière nous, nous n'avons ni Dieu à glorifier, ni Patrie à défendre, ni Honneur à garder ; nous ne voulons pas travailler pour travailler, travailler pour primes, pour participer aux bénéfices fictifs, nous voulons travailler en vue de production utile ou agréable, travailler pour augmenter notre jouissance. Nous sommes des laborieux qui voulons œuvrer pour notre bonheur.

Faisons les gestes utiles ou agréables et ne faisons que ceux-là.

La machine qui s'établit d'après le schéma de l'inventeur comporte des centaines de pièces. Elle est sujette, à tous moments, à des détraquements, à des maladies. Tantôt c'est une pièce, tantôt c'est l'autre, dont le déplacement vient entraver la bonne marche de l'organisme métallique.

Mais, peu-à-peu, les observations du mécanicien, voire même d'un apprenti,viennent en transformer le mécanisme, en améliorer la marche. Toujours les efforts se tournent vers la suppression d'une pièce, la cessation d'un mouvement.

On s'aperçoit tout-à-coup d'une force inemployée, d'un rouage faisant double emploi, et immédiatement tous les gestes sont faits pour profiter de cette constatation.Toujours ou presque toujours, c'est vers la simplification que tend le progrès.

Le soin apporté par les hommes dans la simplification des rouages de la plus petite machine, n'est jamais appliqué par eux, lorsqu'il s'agit de la machine économique.

Pour une raison ou pour une autre (je ne veux faire qu'une constatation), le métal humain, le mécanisme humain, le travail humain sont employés à profusion sans que nul ne s'inquiète de supprimer une pièce, un rouage, un travail inutile.

La machine est horriblement compliquée et les trois quarts de la force du piston sont consacrés à faire marcher des mécanismes dont tout le monde reconnaît l'entière inutilité.

On parle de faire travailler cette machine humaine moins longtemps et par conséquent de la faire moins produire, alors que le profit qu'elle donne ne paraît seulement pas être à même d'alimenter la dépense de la chaudière... Mais nul ne veut diminuer, supprimer les parties inutiles ; des bielles qui ne meuvent rien, des rouages qui ne s'engrènent à rien, continuent à fonctionner à côté de rouages dont les dents grincent sous l'effort et de bielles qui ne peuvent arriver au bout de leur course sous le poids à entraîner.

La machine humaine n'est pas faite, n'est pas établie dans le but de marcher pour produire, elle marche pour marcher, elle marche à vide.

Elle marche pour des mots. Elle marche pour la Patrie, elle marche pour Dieu, elle marche pour l'Honneur, elle marche pour un tas de choses, elle ne marche jamais pour elle-même.

L'homme qui en est le moteur,qui en est le combustible, voit passer le produit de son effort dans le ventre de ceux qui regardent et dont tous les soins — quand soins il y a — vont aux rouages inutiles qui ont,au moins,cela de commun avec eux, de ne servir à rien.

Or, l'homme lassé, exténué de travail, n'a pas la force, sorti du mécanisme monstre, de faire les gestes d'observation et de sélection qu'il faudrait faire, et il fabrique de nouveaux organes pour le représenter soi-disant, pour examiner le mécanisme et supprimer le poids mort, mais qui, en définitive, augmentent le nombre des rouages inutiles.

Ainsi se crée successivement tout le personnel de paperasserie administrative des Bourses de Travail et des coopératives, sociétés de mutualisme ou de syndicalisme, à côté de tout le personnel de la paperasserie ministérielle et parlementaire.

Sans s'occuper ni des tenants, ni des aboutissants, des hommes décident du jour où l'on fera tel travail pendant tant d'heures. Il ne leur vient pas à l'idée de supprimer un travail d'une heure, d'une journée, ce qui représenterait un effort minime, mais un effort. Ils décrètent « bleu ou blanc », pour des raisons d'une vague sentimentalité, n'ayant rien à voir avec la question économique.

Sans rien changer de la société présente, ils parlent de limiter l'effort humain. Ils laissent le patron et ses employés paperasser ou dormir pendant que l'ouvrier turbine à l'étau ou au tour; les employés du métro distribuer et percer des petits bouts de carton, pendant que le watmann reste dix heures dans sa cage; l'actionnaire du chemin de fer toucher les coupons et le chef de gare arborer sa casquette blanche, pendant que le manœuvre arrime les bagages; le contrôleur passer d'un wagon à l'autre l'inspection de carrés de papier, pendant que le chauffeur cuit devant le brasier; le flic se promener les mains derrière le dos à côté de l'homme qui ahanne en tirant une charrette à bras. Ils laissent tout en l'état actuel et ils parlent de réformes..de quelles réformes?..

La machine humaine, parfois, cesse brusquement de travailler en des arrêts qu'on appelle grèves; cela arrive presque toujours — mais les hommes de travail ne savent pas le remarquer — au moment précis où un amoncellement de produits gênerait le marché des hommes qui ne font rien.

Le motif de ces arrêts est, neuf fois sur dix, « un point d'honneur ». Vainqueurs, les travailleurs repartent de tous leurs muscles pour tâcher de rattraper le temps perdu. Ils appellent cela une victoire ouvrière : l'honneur c'est plus que la vie.

*
* *

Puisque l'on parle de préparation, d'organisation, que l'on impartit pour ce travail préliminaire un délai assez long, voyons s'il ne serait possible, au lieu de l'employer à une limitation fallacieuse de la durée de l'effort journalier, de chercher les rouages faisant double emploi ou complètement inutiles afin de les supprimer ; les forces inemployées ou mal employées afin de les utiliser.

Au lieu de cette limitation qui, dans l'état actuel, comportera tant d'exceptions (et quelque fois en toute raison) décidons de ne plus mettre la main à un travail inutile ou néfaste, à un travail de luxe ridicule ou de contrôle arbitraire.

Que l'homme qui enchâsse le rubis ou qui confectionne la chaînette d'or, pour enrichir (?) le cou de la prostituée « légitime » ou « illégitime » ; que celui qui travaille le marbre et le bronze afin de recouvrir la charogne de quelque illustre voleur; que celui ou celle qui, des heures, enfile les perles de verre, pour façonner la couronne hypocrite des regrets conjugaux ou autres ; que ceux dont tout le travail est d'embellir, d'enrichir, d'augmenter, de fabriquer du luxe pour les riches, pour les fainéants, de parer les poupées femelles ou mâles jusqu'à en faire des « reliquaires » ou des « châsses », décident de cesser ce travail, afin de consacrer leur effort à faire le nécessaire pour eux et les leurs.

Que ceux qui fabriquent le blanc de céruse et les matières empoisonnées ; que ceux qui triturent le beurre, mélangent les vins et les bières, qui rafraîchissent les viandes avancées, qui fabriquent les tissus mélangés, ou les cuirs en carton, que ceux qui font du faux, du truqué, qui trompent, qui empoisonnent pour « gagner leur vie », cessent de prêter la main à ce travail imbécile et qui ne peut profiter qu'aux maîtres dont le vol et le crime sont les gagne-pain. Qu'ils se mettent à vouloir faire du travail sain, du travail utile.

Que tous ceux qui percent du papier, qui contrôlent, qui visent, qui inspectent ; que les bougres que l'on revêt d'une livrée pour faire les chiens inquisiteurs; que ceux que l'on met aux portes pour vérifier les paquets ou pour contrôler les billets ; que ceux dont tout l'effort consiste à assurer le bon fonctionnement de la machine humaine et son bon rendement dans les caisses du maître, que tous ceux-là, dis-je abandonnent ce rôle imbécile de mouchards et surveillent la valeur de leurs propres gestes.

Que ceux qui fabriquent le coffre-fort, qui frappent la monnaie, qui estampent les billets, qui forgent les grilles, qui trempent les armes, qui fondent les canons, lâchent ce travail de défense de l'État et de la fortune, et travaillent à détruire ce qu'ils défendaient.

Ceux qui font du travail utile et agréable le feront, pour ceux qui veulent bien donner leur effort en un échange mutuel.

Mais combien la somme de travail de chacun se trouvera diminuée ! Des mains jusque-là consacrées à travailler pour le riche, se disputeront l'effort utile. La machine humaine, débarrassée des rouages utiles, s'améliorera de jour en jour. On ne travaillera plus pour travailler, on travaillera pour produire.

Or donc, camarades, cessons tous de fabriquer le luxe de contrôler le travail, de clôturer la propriété, de défendre l'argent, d'être chiens de garde et travaillons pour notre propre bonheur, pour notre nécessaire, pour notre agréable.

Faisons

La grève des gestes inutiles

Albert LIBERTAD.

Tous les mois, lire l' « **Idée Libre** », Revue d'éducation individuelle et de rénovation sociale.

Principaux Collaborateurs : Drs Bresselle et Legrain, Desprès, Devaldès, Faure, Hureau, Lacaze-Duthiers, Naquet, Laisant, Palante, Han Ryner, Stackelberg, etc.

On s'abonne à la *Librairie Internationaliste* (3 francs par an).

BIBLIOTHEQUE NATIONALE DE FRANCE
3 7531 01444213 2

www.ingramcontent.com/pod-product-compliance
Ingram Content Group UK Ltd.
Pitfield, Milton Keynes, MK11 3LW, UK
UKHW022154170726
13837UKWH00004B/1983